LA BARONNE

DE CHANTAL,

DRAME HISTORIQUE

EN TROIS ACTES ET EN VERS.

Représenté, pour la première fois, à Paris, sur le Théâtre de Molière, le 15 Pluviôse de l'an 5.

SECONDE ÉDITION.

Par M. P. D. CUBIÈRES.

———————

A PARIS,

Chez BARBA, Libraire, rue St.-André-des-Arts, N°. 27, au Magasin des Pièces de Théâtre.

═══════════

AN CINQUIÈME DE LA RÉPUBLIQUE.

AVIS DES EDITEURS.

La plûpart des journalistes rendirent compte de ce Drame historique, lorsqu'il fut imprimé pour la première fois en 1791 à l'imprimerie du Patriote-Français, place du Théâtre Italien, et se vendit chez Royer, quai des Augustins, et chez Bailli, Barrière-des-Sergens: il vient d'être représenté avec succès sur le Théâtre de Molière, rue Martin; et les journalistes, immédiatement après sa représentation, ont recommencé d'en parler. Voici le jugement que deux d'entr'eux en ont porté. Comme des éditeurs sont toujours un peu suspects, nous aimons mieux citer l'avis des journalistes que le nôtre.

Extrait du feuilleton du journal d'Indications et des Spectacles, 18 pluviôse de l'an 5, (6 février 1797.)

On a donné le 15 pluviôse, sur le Théâtre de Molière, un Drame historique en trois actes et en vers, intitulé: *La Baronne de Chantal*. Cette pièce est dans le genre de la *Mélanie*, de M. de la Harpe, elle a été imprimée en 1791, et tous les journalistes en ont loué « le style, qui mérite en effet quelques
» éloges ; il est correct, harmonieux et élégant. On a sur-tout
» remarqué dans cette pièce un évêque d'Autun, frère de la baronne de Chantal, qui a les mêmes principes que Fénélon, et
» qui les développe avec beaucoup de sensibilité, de philosophie
» et de grace. La pièce a été en général bien jouée; les costumes
» sont bien observés. Le citoyen Fereol, dans le rôle de l'évêque d'Autun; la citoyenne Legrand, dans celui de la baronne
» et le citoyen Champion, dans celui du fils de la Baronne,
» ont montré tous les trois un talent distingué, et le public
» les a couverts d'applaudissemens. »

Extrait du Courier des Spectacles ou journal des Théâtres, 16 pluviôse de l'an 5, (4 Février 1797.)

« Le Drame de la Baronne de Chantal, que l'on donna hier
» au Théâtre de Molière, a bien réussi. Cette pièce est de
» M. Cubières, déjà connu par d'autres ouvrages. M. Fereol
» a bien joué le rôle de l'évêque d'Autun ; M. Champion a mis
» de la force dans celui du fils de la Baronne, que Mde. Legrand a bien rendu. »

Dans la première édition de cette pièce la baronne de Chantal passoit sur le corps de son fils pour aller avec l'évêque de Génève fonder le monastère d'Anneci ; ce dénouement étoit conforme à l'histoire, mais il révoltoit la nature. La Baronne, dans cette édition nouvelle, se rend aux vœux de sa famille, et reste au milieu d'elle pour faire le bonheur de ses enfans. Les Comédiens avoient demandé ce changement à l'auteur, et le public a paru l'approuver.

Le Théâtre de Molière étant fermé, cette pièce n'a eu que cinq représentations, et a été suspendue au milieu de son succès.

PERSONNAGES.	ACTEURS.
La Baronne de CHANTAL.	Mlle. LEGRAND.
CLAUDINE.	Mde. BONIOLI.
L'ÉVÊQUE D'AUTUN.	M. FERÉOL.
L'ÉVÊQUE DE GENÈVE.	M. LAPLATE.
Le vieux Baron de CHANTAL.	M. JONES.
Le jeune Baron de CHANTAL.	M. CHAMPION.
SELMOUR, Hermite.	M. FLEUROT.
Le Président FRÉMIOT, père de la Baronne.	M. DURAND.
Deux petites filles de la Baronne.	
Deux grands Vicaires. Un Caudataire.	} Personnages muets.

La Scène est à Dijon dans la maison du vieux Baron de Chantal.

LA BARONNE DE CHANTAL;

ACTE PREMIER.

SCÈNE PREMIÈRE.

LE PRÉSIDENT FRÉMIOT, le jeune BARON DE CHANTAL.

LE PRÉSIDENT.

Ma fille a pu former un semblable dessein !
Non, je ne le crois pas ; non.

LE JEUNE BARON.

             Rien n'est plus certain :
Vous perdez une fille, et je perds une mère.
L'évêque de Genève, à tous nos vœux contraire,
Doit aujourd'hui venir, et doit, au nom d'un Dieu,
Nous l'enlever : Ensemble ils partent de ce lieu ;
Aujourd'hui même.

LE PRÉSIDENT.

           O ciel ! je suis d'une surprise,
D'une indignation.....

LE JEUNE BARON.

           D'un zèle ardent éprise,
Ma mère veut aller fonder dans Anneci
Un pieux monastère, et nous restons ici,
Mes sœurs, vous, son beau-père, à pleurer son absence.

LE PRÉSIDENT.

De la revoir, du moins nous avons l'espérance.

A 3

LE JEUNE BARON.

Quelle idée ! et comment pourrions-nous la revoir,
Quand de mourir au monde on lui fait un devoir,
Et qu'elle gardera l'éternelle clôture,
En tout temps si contraire aux loix de la nature ?

LE PRÉSIDENT.

Eh ! qui donc de la sorte a pu la pervertir ?

LE JEUNE BARON,

L'évêque de Genève. Il croit la convertir.
En l'ensevelissant au fond d'une retraite ;
Il pense fermement la rendre plus parfaite.

LE PRÉSIDENT.

D'un évêque, entre nous, c'est passer les pouvoirs.
Ma fille étoit ici fidelle à ses devoirs :
Elle les remplit tous avec exactitude,
Et plaire à tout le monde est son unique étude.
Quelle femme sur-tout, par de plus tendres soins,
À du pauvre jamais soulagé les besoins ?
Son cœur compâtissant devine leur misère,
Et d'une égale ardeur tous la nomment leur mère.
Elle est jeune, d'ailleurs ; une seconde fois,
Elle peut de l'hymen subir les douces loix,
Rendre un époux heureux, et, grace au mariage,
Faire de ses vertus un glorieux usage ;
Et quand je viens ici lui proposer la main
D'un jeune homme qui l'aime, et qui voudroit soudain
Avec elle former la chaine la plus belle,
J'apprends qu'à mes desirs pieusement rebelle,
Avec un saint évêque elle fuit de ses lieux,
Et nous immole tous à l'intérêt des cieux !
Je ne souffrirai point une telle conduite,
Et j'empêcherai bien un départ qui m'irrite.
Viendra-t-elle bientôt ?

LE JEUNE BARON.

                    Incessamment, je crois.
Vous ne connoissez pas tous les nobles exploits
Du vertueux évêque. Ici, pour gouvernante,
Nous avions, dès long-temps, une fille excellente,
Nous servant avec zèle, avec célérité,

Et qui nous enchantoit par sa naïveté.
Monseigneur au sermon l'invite un beau dimanche,
Et touche tellement cette ame neuve et franche,
Qu'elle ne parle plus que de vivre en couvent.
Elle en perd le repos, et la raison souvent ;
Au lieu de travailler fait toujours sa prière,
Et n'aspire, en un mot, qu'à devenir tourrière.
D'accord avec ma mère, elles doivent d'ici
Partir en même temps; on nous l'enlève aussi.
Les voici. Toutes deux viennent dans cette salle
Pour y vaquer, je crois, à l'oraison mentale.
Ecoutons un moment leur conversation.

SCENE II.

LE PRÉSIDENT, le jeune BARON (*l'un et l'autre
à l'écart,*) LA BARONNE DE CHANTAL,
CLAUDINE.

LA BARONNE, (*à Claudine.*)

Je vous l'ai dit, ma fille : oui ; la vocation
Est un vrai don du ciel, et vous l'avez, je pense.
Monseigneur de Genève en donne l'assurance.
Ne vous lassez donc point de prier le Seigneur ;
Que l'aimer, le bénir soit tout votre bonheur.

CLAUDINE.

Je n'en connois point d'autre, et je suis votre exemple.

LA BARONNE.

En tous lieux, à son gré, le cœur s'élève un temple.
Prions ici, ma fille, en attendant qu'un jour,
Récluses toutes deux dans le même séjour.....

LE PRÉSIDENT.

On a toujours le temps de prier.

LA BARONNE.

(*s'embrassant.*)   Ah ! mon père !
Quoi ! c'est vous que je vois ? Moment doux et prospère.

A 4

LE PRÉSIDENT.

Je viens pour vous parler d'un objet important.

LA BARONNE.

Claudine, laissez-nous.
(*à son fils.*)   Vous, sortez un instant.
Mais sans vous éloigner. Ensemble je désire
Que bientôt nous allions.....

LE JEUNE BARON.

Ces mots doivent suffire:
Et pour prendre votre ordre ici je reviendrai.

SCENE III.

LE PRÉSIDENT, LA BARONNE.

LE PRÉSIDENT.

Votre époux ne vit plus ! nous l'avons tous pleuré,
Ma fille : il unissoit les talens au mérite,
Et se fit admirer par sa bonne conduite.
Trois enfans qu'il vous laisse ont satisfait vos vœux.
Ces trois enfans soumis, tendres, respectueux,
De toutes les vertus montrent déjà l'aurore ;
Quoique veuve pourtant, leur mère est jeune encore,
Et quiconque vous voit, vous prendroit pour leur sœur.
Du comte Salvigni c'est le propos flatteur.
Je l'aime, m'a-t-il dit, je la trouve adorable ;
Et si je suis pour elle un parti convenable,
Obtenez-moi sa main, vous ferez mon bonheur.
Ce jeune homme est rempli de probité, d'honneur :
Il a de la fortune, il a de la naissance.
Je voudrois avec lui former une alliance.
Y consentirez-vous ?

LA BARONNE.

Salvigni m'est connu,
Et je rends, comme vous, hommage à sa vertu.
Mais on n'est pas toujours heureuse en mariage.
Tout change avec le tems, et depuis mon veuvage,
J'ai conçu le projet de vivre sans époux.
Que dis-je ? Le projet ! c'est mon vœu le plus doux,
Un vœu cher et sacré.

LE PRÉSIDENT.

C'est un vœu que je blâme,
Et que ne doit jamais former aucune femme ;
Un vœu contraire aux loix de la société.
Pourquoi le prononcer, et qui vous l'a dicté ?

LA BARONNE.

L'ignorez-vous encor, mon père ? c'est Dieu même.
Épouser un mortel, quand c'est Dieu seul que j'aime !
M'en croyez-vous capable ?

LE PRÉSIDENT.

On me l'avoit bien dit,
Que la raison sur vous avoit peu de crédit.
Mais, à vous parler vrai, j'avois peine à le croire.
D'un si prompt changement racontez-moi l'histoire,
Et dites-moi comment.....

LA BARONNE.

A peine sous les coups
De la mort inflexible eut tombé mon époux,
Que, cherchant un appui dans ce Dieu que j'adore,
Aux autels prosternée, aussi-tôt je l'implore.
Sur mes filles, mon fils et sur moi-même enfin,
Je brûlois de savoir quel étoit son dessein ;
Et pour le découvrir, en pieux exercices
Je consume trois nuits.... Mes ardens sacrifices
Touchent l'Etre-Suprême, et j'apperçois un jour,
Comme j'étois errante auprès de ce séjour,
Au bas d'une colline où le tilleul s'élève,
J'apperçois tout-à-coup l'évêque de Genève,
Qui, rayonnant de gloire et plein de majesté,
Sembloit voler au sein de la Divinité.
Je frissonne : une voix soudain se fait entendre.
Voilà l'homme, dit-elle, à qui tu dois te rendre ;
Voilà le directeur que t'a choisi le ciel,
Et qui doit te conduire au séjour éternel.
Une troupe bientôt de femmes vertueuses
Tous deux nous environne, et des vierges pieuses
Viennent parer nos fronts de lauriers et de fleurs.
La voix poursuit : Formez leurs esprits et leurs cœurs,

Et pour y parvenir, loin des crimes du monde,
Cherchez quelque retraite écartée et profonde,
Où puissent d'un Dieu juste et de ses droits jaloux,
Leurs efforts redoublés désarmer le courroux.
C'est à vous, à vous deux que le ciel les confie,
Et de vous seuls dépend leur trépas ou leur vie.
La vision s'éclipse à ces mots, et mon cœur
Y reconnoît bientôt l'ordre du créateur.

LE PRÉSIDENT.

Toutes ces visions sont des erreurs, ma fille :
Tel, la nuit dans la plaine, un vain phosphore brille ;
On le choisit pour guide, on marche à sa clarté,
Et dans un noir abîme on est précipité.

LA BARONNE.

Que dites-vous, mon père ? Ah ! ces visions saintes
Du palais étoilé franchissent les enceintes,
Pour éclairer nos cœurs sur leurs vrais intérêts,
Et de Dieu quelquefois sont des avis secrets.
C'est ainsi qu'aux mortels sa volonté céleste,
Quand il veut les sauver, par fois se manifeste.
Lorsqu'ici, par l'effet d'un prodige enchanteur,
Il m'a fait voir les traits de mon saint directeur ;
Le croiriez-vous ? Ailleurs, à ce directeur sage,
Il a, le même jour, présenté mon image,
Et sans nous être vus l'un ni l'autre jamais,
L'un de l'autre pourtant se rappella les traits,
Quand le sort à Dijon nous fit trouver ensemble,
Et l'un reconnut l'autre au même instant.

LE PRÉSIDENT.

(à part.) Je tremble
Qu'elle et son directeur ne perdent la raison.
La folie est si près de la dévotion !
(haut.)
De votre directeur on vante le mérite :
Mais sied-il qu'avec vous il ait cette conduite ?
Vous avez des enfans, un père déjà vieux ;
Un père ! qu'ai-je dit ? je vous en connois deux,
Votre beau-père et moi. Quelle est notre espérance ?
C'est d'avoir de vos soin, une entière assurance,

C'est de voir , par ces soins tendres et délicats ,
Les routes du bonheur s'embellir sous nos pas,
Et nous laissant tous deux, vos enfans, votre frère,
Vous allez loin de nous fonder un monastère !
Dois-je croire honnête homme et croire généreux
Celui qui vous donna ce conseil dangereux ?

LA BARONNE.

C'est le ciel qui l'inspire , et c'est par des miracles
Qu'il lui fait chaque jour , connoître ses oracles.

LE PRÉSIDENT.

Le ciel , dans son langage , est quelquefois obscur ;
La voix de la nature est un guide plus sûr.
Écoutez-la , ma fille , et que cette journée ,
Vous voyant contracter un second hyménée ,
De Salvigni , de moi , comble enfin tous les vœux !
Ne vous éloignez point ; nous serons tous heureux.

LA BARONNE.

M'osez-vous bien encor parler de mariage ?
De Salvigni sur-tout me rappeller l'hommage ?
(Avec l'air du mystère et du repentir.)
Avez-vous oublié que le jeune Selmour ,
Le premier à mon cœur fit connoître l'amour ,
Et que son souvenir y règne encor peut-être ?
Pensez-vous, si j'avois à me donner un maître ,
Que j'en prendrois un autre, et que , pour Salvigni
Je pourrois devenir infidelle à celui....

LE PRÉSIDENT.

De Selmour en effet, l'idée intéressante ,
Dans l'esprit me revient et m'est encor présente :
Mais , depuis dix-sept ans , éloigné de ces lieux ,
Expatrié peut-être, il vit sous d'autres cieux !
Et peut-être la mort !....

LA BARONNE.

Il vit dans ma pensée ,
Et son image , hélas ! n'y peut être effacée.
Qu'ai-je dit ?.... je le crois hors de mon souvenir ;
Et que n'ai-je pas fait afin de l'en bannir ?
Aux cilices poignans condamnant ma jeunesse,

J'ai souffert, j'ai prié, je prie encor sans cesse :
J'ai plus osé, mon père, et le nom du Sauveur,
Avec un fer brûlant imprimé sur mon cœur,
Me permet-il d'aimer un autre que lui-même ?
Quand c'est l'être-éternel, en un mot, que l'on aime,
Songe-t-on à former de terrestres liens ?
Et qui peut l'emporter sur le Dieu des chrétiens ?

LE PRÉSIDENT. (*Avec feu.*)

Qui, ma fille ? du Dieu dont l'amour vous engage,
Vous savez qu'ici-bas les pauvres sont l'image.
Vous les aimez aussi : votre cœur généreux
Fut toujours un asyle ouvert aux malheureux,
Et vous leur prodiguez vos soins et votre bourse.
Si vous vous éloignez, où sera leur ressource ?
Qu'est-ce qu'ils deviendront, et quelle main, hélas !
Préservera leurs jours des horreurs du trépas ?
Leur donner de l'argent eût été peu de chose.
Je vous ai vue en main prendre souvent leur cause,
La plaider avec grace et même avec succès,
Arranger et sur-tout abréger des procès ;
Me choisir pour arbitre en toutes ces querelles ;
Et charmé, certain jour, de ces vertus nouvelles,
Ma fille, je vous dis : Grace à ton zèle ardent,
Je deviens avocat, et j'étois président.
Tu dois t'en souvenir. A ces vertus, sans honte,
Peux-tu donc renoncer par une fuite prompte ?

LA BARONNE.

Non, mon père, jamais : j'ai prévu les besoins
De ces infortunés qu'ont secourus mes soins,
Et, pour les secourir vous-même en mon absence,
(*Lui offrant un écrin rempli de bijoux.*)
Acceptez cet écrin ; je n'ai plus l'espérance
D'employer désormais ces frivoles bijoux ;
Mon cœur de leur éclat cesse d'être jaloux ;
Et pour aller au ciel, la plus belle parure
Est, aux yeux du très-haut, une ame simple et pure.
Vendez donc, je vous prie, et vendez promptement
Ces trésors dont je fus éblouie un moment,
Et que les indigens en profitent.

LE PRÉSIDENT.

Ma fille,
Voulez-vous à ce point léser votre famille ?

Ces trésors sont à vous, j'en conviens ; mais les loix
Lui donnent sur vos biens d'imprescriptibles droits.
Vous n'avez, entre nous, rien qui vous appartienne.
J'estime assurément la charité chrétienne ;
Mais la justice veut.....

LA BARONNE.

Je vous entends. Eh bien !
Mon fils pourra, je crois, disposer de mon bien,
Et je le chargerai.... Mais j'apperçois mon frère....

LE PRÉSIDENT.

Quoi ! l'évêque d'Autun !... Je ne m'attendois guère....

SCENE IV.

LE PRÉSIDENT, LA BARONNE, L'ÉVÊQUE D'AUTUN.

L'ÉVÊQUE D'AUTUN.

DOIS-JE croire, ma sœur, un bruit qui se répand,
Et que vient mon neveu de m'apprendre à l'instant ?
Pour aller loin d'ici fonder un monastère,
On dit que vous quittez vos enfans, votre père,
Et que brisant les nœuds les plus chers aux humains,
L'évêque de Genève....

LA BARONNE.

Oui, bientôt par ses mains,
Sous les yeux du Très-Haut, du saint bandeau parée,
Et de tous les mortels pour jamais séparée,
J'irai m'ensevelir dans un séjour de paix,
Où le crime et l'erreur ne pénètrent jamais.
C'est le ciel qui l'ordonne.

L'ÉVÊQUE D'AUTUN.

Et vous pouvez, cruelle,
De sang-froid me redire une telle nouvelle !
Et sans regret peut-être, et même sans effroi,
(*Montrant le président.*)
Vous déchirez le cœur de mon père et de moi !

LE PRÉSIDENT.

Ma bouche, au même instant, lui faisoit ce reproche,

LA BARONNE, *à l'évêque d'Autun.* (che...

Vous m'étonnez! Eh quoi! quand mon bonheur s'appro-

L'ÉVÊQUE D'AUTUN.

Dites votre malheur. Eh ! ne voyez-vous pas
Quels pièges un faux zèle a dressés sous vos pas?

LA BARONNE.

L'évêque de Genève étrangement diffère
De votre sentiment ; et je croyois, mon frère,
Qu'évêque ainsi que lui.....

L'ÉVÊQUE D'AUTUN.

J'estime sa vertu.
Au dangereux torrent d'un siècle corrompu,
Il oppose avec fruit la digue des exemples :
Il prie, il catéchise et prêche dans nos temples.
Du dogme de Calvin son zèle a triomphé,
Et, grace à lui, ce monstre est près d'être étouffé.
Mais, ma sœur, entre nous, le croyez-vous sensible?
Il avoit une sœur, ce prélat invincible,
Une sœur comme moi. Cette fleur, un beau jour,
Tombe et va s'éclipser au ténébreux séjour.
Monseigneur de Genève apprend cette nouvelle:
Sa sœur, ainsi que vous, étoit aimable et belle ;
La grace et la douceur régnoient dans son abord.
Dieu soit loué, dit-il, en apprenant sa mort!
Et que du ciel toujours la volonté soit faite !
Me croyez-vous une ame à ces froideurs sujette,
Et que sans la pleurer, sans peut-être en mourir,
Je puisse voir ma sœur dans un cloître courir,
Et s'enterrer vivante, alors que sa présence
Pouvoit ici répandre, et la joie et l'aisance ?

LA BARONNE.

Il faut sauver son ame avant tout, et je croi
Qu'on ne le peut jamais dans le monde.

L'ÉVÊQUE D'AUTUN.

Et pourquoi
Vous mettre dans l'esprit une telle chimère ?

Au couvent, où l'on suit une règle sévère,
On est moins exposée aux dangers, j'en convien,
Et plus facilement on s'y comporte bien;
Mais quand le monde aux yeux étale ses spectacles,
N'a-t-on pas plus de gloire à vaincre les obstacles
Que présentent par-tout ses plaisirs séduisans,
A ne devoir qu'à soi le triomphe des sens,
Et sans avoir recours aux haires, aux cilices,
A régner librement sur de fausses délices?

LE PRÉSIDENT.

Il parle sagement, ma fille; et quant à moi,
Qui des Juifs, par état, dois connoître la loi,
De Moyse je puis, citant le témoignage,
Vous dire qu'il faisoit grand cas du mariage,
Et que, chez les Hébreux, on blâmoit, entre nous,
Les veuves qui mouroient sans reprendre un époux.
Oui la religion, la raison, la nature,
Combattent à l'envi le desir de clôture
Qu'a fait naître un faux zèle au fond de votre cœur.
C'est un mari qu'il faut prendre pour directeur;
Un mari vertueux, dans son tendre délire,
Tout comme un saint évêque au ciel peut vous conduire,
Si vous voulez tous deux vivre chrétiennement.
Mais il faut nous quitter au moins pour un moment:
Mes devoirs, en un jour, souvent se renouvellent,
Et déjà ces devoirs hors de ces lieux m'appellent.

(à l'évêque d'Autun.)

J'ai commencé l'ouvrage; achevez-le, mon fils.
Que votre sœur nous reste, et mes vœux sont remplis.

SCENE V.

LA BARONNE, L'ÉVÊQUE D'AUTUN, *ensuite*
CLAUDINE.

L'ÉVÊQUE D'AUTUN.

SEREZ-VOUS insensible au cri de la nature,
Et de mère et de fille étouffant le murmure?...

CLAUDINE, *accourant.*

Ah! madame, mon cœur est d'un contentement...
Un courier à Dijon arrive en ce moment.

Je viens de lui parler, et j'ai su, par lui-même,
Que monseigneur est proche, et que.... ma joie extrême
A peine me permet d'achever ce récit.

LA BARONNE.

Monseigneur de Genève ?....

CLAUDINE.

Oui, le courier m'a dit
Qu'il n'est présentement qu'à très-peu de distance,
Qu'au devant de ses pas tout le monde s'avance;
Que chacun de le voir a le plus vif desir,
Et que, pour témoigner sa joie et son plaisir,
On veut illuminer, ce soir, toute la ville :
Sur nos fenêtres, moi, j'en mettrai plus de mille
De ces petits flambeaux qui remplacent le jour.

LA BARONNE.

Faites venir mon fils.

CLAUDINE.

Il vient.

SCENE VI.

LE JEUNE BARON, LA BARONNE, L'ÉVÊQUE
D'AUTUN, CLAUDINE.

LA BARONNE, *au jeune Baron.*

A notre tour,
Il faut que nous allions sur l'heure à sa rencontre,
Il faut que notre joie également se montre,
Et je vous attendois pour me donner la main.

LE JEUNE BARON.

Je serai trop heureux, madame, et mon dessein
Est de faire toujours tout ce qui peut vous plaire.

LA BARONNE.

(à Claudine.)   (à l'évêque d'Autun.)
Tu viendras après nous. Nous suivez-vous, mon frère ?
L'ÉVÊQUE

L'ÉVEQUE D'AUTUN.

Non ; j'ai quelques raisons pour rester en ce lieu.
Mais nous nous reverrons.

LA BARONNE.

Ainsi donc, sans adieu.

SCENE VII.

L'ÉVÉQUE D'AUTUN *seul.*

Ici, je veux l'attendre et de ma propre bouche
Je veux l'interroger sur tout ce qui me touche,
Et savoir s'il persiste à m'enlever ma sœur :
Il se dit un apôtre et n'est qu'un ravisseur,
Je le lui prouverai sans beaucoup d'éloquence.
Avec moi, de ma sœur, ô ciel! prends la défense.

FIN DU PREMIER ACTE.

ACTE II.

SCENE PREMIERE.

Le jeune BARON, SELMOUR, *en habit d'hermite.*

LE JEUNE BARON.

Quoi! vous êtes Selmour! C'est de vous qu'autrefois
Ma mère pour époux avoit, dit-on, fait choix? (être?
C'est vous seul qu'elle aima, qu'elle aime encor peut-
Qu'avec joie en ces lieux je vous vois reparoître!
Elle veut nous quitter. Ce barbare dessein
Sans doute à votre aspect s'éteindra dans son sein,
Et je vais l'avertir en toute diligence
Qu'à Dijon de retour....

SELMOUR.

             Arrêtez! la prudence
Ne permet point encor que je m'offre à ses yeux,
Et doit seule régler mes pas mystérieux.
J'en fus aimé jadis, et je l'aimai de même,
Il est vrai ; mais sachez mon infortune extrême.
Lorsque l'amour sembloit hâter notre union,
Nous fûmes séparés par la religion,
Par la religion, ce tyran du vulgaire,
Que le sage lui-même et maudit et révère.
Tous mes parens sont nés dans l'erreur de Calvin,
Et suivant leur croyance, à votre mère en vain
J'offris les premiers vœux de mon ame enflammée;
De ces vœux innocens elle parut charmée,
Et les partagea même. Hélas! un Dieu jaloux
Me refusa toujours le nom de son époux.
Celui qui maintenant est votre ayeul par l'âge,
Lui préparoit les nœuds d'un autre mariage,
Et je vis, par l'effet d'un contre-tems fatal,
Votre mère épouser le baron de Chantal.
Ces nœuds formés à peine, un rayon de lumière
Dessilla tout-à-coup ma débile paupière.

Aussi-tôt j'abjurai la loi d'un imposteur,
Et, pour la vérité, j'abandonnai l'erreur.
Je devins catholique, en un mot. Mais vain titre !
Des jours de votre mère un autre étoit l'arbitre ;
Un autre possédoit ce trésor précieux.
Brûlant toujours pour elle, alors, près de ces lieux,
J'allai m'ensevelir au fond d'une retraite ;
Et sous le vêtement d'un humble anachorète,
Me consacrant à Dieu, je l'ai prié long-tems
D'étouffer dans mon cœur les feux les plus constans :
Rien n'a pu les détruire, et chaque jour j'espère....

LE JEUNE BARON.

Ce n'est pas sans raison. Le trépas de mon père
Qui dans l'affliction a plongé ses enfans,
Est un bonheur pour vous, pour nous un contre-tems :
Vous en profiterez, et tout me porte à croire....

SELMOUR.

Oui, s'il lui reste encor de moi quelque mémoire.
Mais oublié peut-être....

LE JEUNE BARON.

Oublié ! non, Selmour ;
Non, ma mère de vous parle encor chaque jour,
Et Dieu seul dans son cœur balance votre empire.
Paroissez, montrez-vous, et j'ose vous prédire....

SELMOUR.

Un moment. D'échouer si j'avois le malheur,
Mon dessein, je l'avoue, et non pas sans douleur,
Est de rentrer soudain dans ma prison profonde,
Et d'y cacher ma vie à l'œil impur du monde,
D'y pleurer jour et nuit un objet adoré,
Et d'y mourir d'amour toujours plus dévoré.
Sur mon retour ici gardez donc le silence.
Votre jeunesse a fait naître ma confiance.
D'autres m'auroient connu ; d'autres auroient soudain
Au public curieux dévoilé mon dessein.
Je reviens en secret ; je veux partir de même.
Mais je ne puis partir sans voir celle que j'aime,
Et sans lui rappeller nos mutuels sermens :

Je dois être informé de ses vrais sentimens.
Et comment aujourd'hui m'introduire chez elle,
Sans paroître aux regards des indiscrets?

LE JEUNE BARON.

Mon zèle
Vous en procurera des moyens sûrs et prompts.
Revenez sur le soir, nous nous retrouverons.
Une idée assez bonne en mon esprit s'élève,
Dont je vous ferai part. L'évêque de Genève
Dirige seul ma mère, et peut-être aujourd'hui
Que nous réussirons en nous servant de lui,
Et que son nom ici vous ouvrant une route....
Mais j'entends quelque bruit, et je crains qu'on n'écoute.

SELMOUR.

Je le crains plus que vous, et je sors. Au revoir.
Vous vous engagez donc?....

LE JEUNE BARON.

Je m'en fais un devoir.

SCENE II.

LE JEUNE BARON seul.

Que je serois heureux, s'il empêchoit ma mère
De quitter ce séjour, et si....

SCENE III.

L'ÉVÊQUE D'AUTUN, LE JEUNE BARON.

L'ÉVÊQUE D'AUTUN.

De sa chimère
J'espère la guérir. Puisqu'il est en ce lieu,
Je le verrai bientôt, cet envoyé de Dieu.
Sans animosité, sans employer l'injure.
Je vais faire parler la raison, la nature.

LE JEUNE BARON.

De le voir, entre nous, je suis peu curieux,
Et je vais avec lui vous laisser en ces lieux.
Son aspect, je le sens, redouble ma colère;
Soyez prêt au combat; voilà votre adversaire.

SCENE IV.

L'ÉVEQUE DE GENEVE, *suivi de deux grands-vicaires,*
d'un Caudataire, etc. ; L'ÉVEQUE D'AUTUN.

L'ÉVÊQUE DE GENEVE.

Je cherchois votre sœur. Au-devant de mes pas
On dit qu'elle est venue, et je ne voudrois pas
Qu'elle eût pris pour me voir une peine inutile.
Sera-t-elle bientôt rendue en cet asyle ?

L'ÉVEQUE D'AUTUN.

J'ai lieu de l'espérer. J'aspire cependant
A vous entretenir ; et d'un avis prudent
Voulant vous faire part....

L'ÉVEQUE DE GENEVE.

                Moi-même je desire
De m'instruire avec vous.
   (*à sa suite.*)   Allez, qu'on se retire.

SCENE V.

L'ÉVEQUE D'AUTUN, L'ÉVEQUE DE GENEVE.

L'ÉVEQUE D'AUTUN.

Un jeune homme, appellé le comte Salvigni,
Avec ma sœur, dit-on, desire d'être uni
Par les nœuds fortunés d'un prochain mariage.
Ma sœur, vous le savez, est à la fleur de l'âge :
Elle joint aux vertus les charmes les plus doux.
Elle est sensible, honnête, et d'un second époux
Ses soins et son amour embelliroient la vie.
Cependant, monseigneur, en ces lieux on publie
Que de cet hymenée éteignant le flambeau,
Vous arrachez ma sœur au destin le plus beau,
Et qu'ici vous venez, armé d'un zèle extrême,
Lui dire, au nom du ciel, de fuir tout ce qui l'aime.
Dois-je croire à ces bruits ?

L'ÉVEQUE DE GENEVE.

                On n'en sauroit douter.

B 3

L'ÉVEQUE D'AUTUN, *avec surprise.*

Quoi, monseigneur !

L'ÉVEQUE DE GENEVE.

Daignez un instant m'écouter,
Vous serez moins surpris de tout ce qui se passe.
Nous connoissons tous deux le pouvoir de la grace,
Et vous n'ignorez pas, monseigneur, qu'à sa voix
On ne peut résister. Déjà, plus d'une fois,
Au cœur de votre sœur elle s'est fait entendre :
A cette voix divine il a fallu se rendre.

L'ÉVEQUE D'AUTUN.

Sans doute elle a des droits que je ne puis céler :
Mais pourquoi vous hâter de la faire parler ?
Vous dirigez ma sœur, et dans sa conscience
Naissent, à votre gré, la terreur, l'espérance.
C'est vous seul, en un mot, qui réglez son destin.
De Salvigni peut-être elle eût reçu la main.
Pourquoi l'en empêcher ?

L'ÉVEQUE DE GENEVE.

La demande m'étonne.
Est-ce qu'avec le Ciel l'humanité raisonne ?
Votre sœur veut à Dieu consacrer ses appas,
Fonder un monastère ; et ne savez-vous pas
Qu'aux regards du Très-Haut rien n'est plus agréable,
Et qu'aux nœuds de l'hymen le cloître est préférable ?

L'ÉVEQUE D'AUTUN.

Ministre d'un Dieu sage et d'un Dieu de bonté,
Ainsi vous le croyez ! Il faut que la beauté
Aille, pour plaire au Ciel, humblement pénitente,
Dans un tombeau sacré s'ensevelir vivante,
Et sur elle faisant un téméraire effort,
Avant de n'être plus se condamne à la mort ?
Et ne voyez-vous pas qu'un pareil sacrifice
Insulte à la nature et blesse la justice,
Et qu'il n'est point dicté par la religion ?

L'ÉVEQUE DE GENEVE, *avec surprise et sévérité.*

Quoi, monseigneur !

L'ÉVEQUE D'AUTUN.

Craignez la superstition :
Sous un voile béni souvent elle se cache,
Nous poursuit en tous lieux, à tous nos pas s'attache,
Et dessèche à la fois nos sens et notre cœur,
Semblable au noir vampire enfanté par l'erreur.

L'ÉVEQUE DE GENEVE.

Au maintien de la foi les cloîtres nécessaires,
Ont été constamment approuvés par nos pères.
Là, dort son feu sacré. Que dis-je ? nuit et jour
Il brûle, et du Très-Haut étend par-tout l'amour ;
A la religion il fait des prosélytes,
Et de notre croyance aggrandit les limites.

L'ÉVEQUE D'AUTUN.

Cet amour du Très-Haut est sans utilité.
Le sage, monseigneur, aime l'humanité.
Voilà le premier soin pour une ame sensible,
Et le premier devoir. Comptez, s'il est possible,
Les maux que vos couvens ont faits à l'univers.
La vierge infortunée y traîne dans les fers
Une mourante vie ; et mère de famille
On l'auroit vue un jour renaître dans sa fille.
Cette fleur, dont par-tout on admiroit l'éclat,
Se flétrit, tombe et meurt dans l'affreux célibat.
Elle eût porté des fruits ; vous la rendez stérile,
Et telle est, nous dit-on, la loi de l'évangile.
Non, monseigneur, l'apôtre a dit expressément,
Plutôt que de brûler, mariez-vous. Comment,
Si, dans le célibat, chacun passoit sa vie,
Cette divine loi seroit-elle suivie ?
Où le Ciel prendroit-il tous ces adorateurs
Qui parent les autels de festons et de fleurs ?
Et comment pourroit-il, privé de tout hommage,
Dans ces adorateurs retrouver son image ?

L'ÉVEQUE DE GENEVE.

Le monde, monseigneur, est des plus corrompus ;
Vous ne l'ignorez pas. Où seront les vertus,
Où fleuriront les mœurs, s'il faut que, sur la terre,
On détruise par-tout couvent et monastère ?
Et si Dieu désormais cesse d'être honoré
Sous ces pieux réduits, où....

B 4

L'ÉVEQUE D'AUTUN.

        Pour être adoré
Dieu veut-il en effet qu'on se charge d'entraves ?
Veut-il à ses genoux ne voir que des esclaves ?
Ah ! quelle triste erreur vient fasciner vos sens ;
L'encens de l'homme libre est le plus pur encens
Que puisse à l'éternel offrir la créature.
Pourroit-il se tromper quand il suit la nature ?

   L'ÉVEQUE DE GENEVE.

Mais le mondain est loin de la perfection ,
Et ne peut la devoir qu'à la religion.

    L'ÉVEQUE D'AUTUN.

Que cette erreur nouvelle et m'étonne et m'afflige !
Se sauver dans le monde est-ce donc un prodige ?
Ah ! croyez, monseigneur, que , dans tous les états,
On trouve des vertus, et qu'il ne suffit pas,
Pour atteindre au sommet de l'humaine sagesse,
De prier, de jeûner et de veiller sans cesse :
Il faut faire encor plus, vous devez le savoir ;
Et d'épouse et de mère exercer le devoir ,
Est un joug moins léger que toutes ces pratiques,
Pieux amusemens des ames fanatiques.
J'en ai vu dans le monde, et l'on en voit toujours,
De ces cœurs généreux qui consacrent leurs jours
Aux soins de leur famille, et qui, tendres, fidèles ,
Du sexe quelquefois deviennent les modèles.
Pensez-vous que le ciel les traite avec rigueur.
Et pour prix de ces soins les condamne au malheur ?

   L'ÉVEQUE DE GENEVE.

Non ; le ciel aime l'ordre ainsi que la justice ;
Et ces cœurs à leurs vœux le trouveront propice :
Mais ils sont peu nombreux, ces cœurs que vous citez,
Et dans la cour des rois , dans les vastes cités ,
Et même dans les champs, où règne la nature ,
Des mortels corrompus je vois la tourbe impure
Insulter chaque jour , avec impunité ,
Aux saints commandemens de la Divinité.
Qui sauve ces méchans des vengances célestes ?
Les prières , les vœux de ces vierges modestes,
Dont vous osez blâmer le pieux dévouement ;

Sans elles , monseigneur , peut-être en ce moment
La foudre tomberoit sur vingt têtes coupables , ,
Et peut-être des cieux les carreaux formidables
Du dernier jugement devançant les rigueurs ,
Plongeroient aux enfers les malheureux pécheurs.

L'ÉVÊQUE D'AUTUN.

Et dans la main de Dieu pourquoi placer la foudre ,
Et le croire toujours incapable d'absoudre ?
Pourquoi le supposer vindicatif, cruel ,
Et lui donner enfin les vices d'un mortel ?
Comme vous , monseigneur , je suis prélat et prêtre ,
Et je fus , comme vous , instruit à le connoître.
Il hait la violence , et veut que la douceur
Soit l'arme qui toujours ramène le pécheur
Lorsque du droit chemin follement il s'égare.
Quoi que vous en disiez , le ciel n'est point barbare :
Il ne sauroit du cloître approuver les rigueurs.
Et sans toujours prier , toujours verser des pleurs ,
A la perfection je crois qu'on peut atteindre ,
Servir Dieu dans le monde , et l'aimer et le craindre.
Empêchez donc ma sœur de quitter ce séjour ,
Où cherchent à l'envi la nature et l'amour
A toujours l'enchaîner , à lui plaire sans cesse ,
Et ne l'arrachez point à ma pure tendresse.

L'ÉVÊQUE DE GENEVE.

Je voudrois le pouvoir ; mais le ciel a parlé.
Je n'en suis plus le maître , et vers elle appellé....
Mais la voici.

SCÈNE VI.

LA BARONNE , LE JEUNE BARON , L'ÉVÊQUE
D'AUTUN , L'ÉVÊQUE DE GENEVE.

L'évéque de GENEVE , *à qui la Baronne baise la main.*

MA fille , avec quelle allégresse
Je vous revois enfin ! Hâtons-nous , le tems presse.
C'est le ciel qui m'envoie , et qui veut qu'en ce jour ,
Avec moi , sans tarder , vous quittiez ce séjour.

LA BARONNE.

Ah ! disposez de moi ! Que n'ai-je eu l'avantage
D'être ici la première à vous offrir l'hommage
De tous mes sentimens et de mes moindres vœux.
Je n'ai pu diviser les flots tumultueux
D'un peuple gémissant de votre longue absence,
Et que vient d'enchanter votre auguste présence.

L'ÉVÊQUE DE GENEVE.

Ce peuple m'est bien cher ; mais il faut qu'aujourd'hui
Tous les deux nous prenions le chemin d'Anneci.

LE JEUNE BARON.

Il n'est pas tems encor, monseigneur, et ma mère,
A plus d'une personne, est ici nécessaire.
Ses filles et son fils ont des droits à ses soins,
Et vous devez du cœur connoître les besoins.

L'ÉVÊQUE D'AUTUN.

Je les connois aussi. Sans une peine extrême,
Verrai-je fuir ma sœur que j'estime, que j'aime ?
Ah ! ma sœur, demeurez. En tout tems, en tout lieu
On peut également servir, craindre, aimer Dieu;
Et d'une année au moins retardez un voyage...

L'ÉVÊQUE DE GENEVE.

C'est avec ces discours et cet adroit langage
Qu'on vous perdra, ma fille. Ah ! ne l'écoutez pas,
Et songez bien plutôt à marcher sur mes pas.
Voyez dans l'avenir quelle gloire immortelle,
Réserve à vos travaux le ciel qui vous appelle ;
Voyez combien le prix en sera noble et doux.
Le monde entier bénit l'ordre fondé par vous;
Et là, de toutes parts, de vertueuses filles,
Dédaignant, comme vous, le vœu de leurs familles,
Viennent, se consacrant au culte des autels,
Prier, jeûner, veiller pour les foibles mortels,
Et loin d'un monde impur écarter les tempêtes.
Que d'encens monte au ciel ! que de pieuses fêtes !

(*Montrant l'évêque d'Autun.*)

Si j'en crois monseigneur, avec vos sentimens
Vous pourriez, en ces lieux, consacrer vos momens

Au jeûne, à la prière, et préserver votre ame
Des pièges dont le monde environne une femme :
Mais ce n'est point assez que de s'en garantir;
- Mais ce n'est point assez que de se convertir ;
Sous la loi du Seigneur, loi sainte et salutaire ,

(*Avec l'air de l'inspiration et de l'enthousiasme.*)

Il faudroit, s'il se peut, ranger toute la terre ,
Catéchiser, prêcher et les nuits et les jours ;
Et joignant à la fois l'exemple et le discours,
Affronter les tourmens , la prison , la mort même ,
Pour faire aimer par-tout la Majesté-Suprême.
Voil , voilà le sort qui vous est réservé.
Le monde entier , par vous, peut être un jour sauvé;
Toute femme, à l'envi , peut suivre votre exemple ,
Et de tout l'univers ne faire qu'un seul temple.

(*Au jeune Baron et à l'évéque d'Autun.*)

L'un de vous perd sa mère , et l'autre perd sa sœur,
Et tous les deux , remplis d'une égale douleur ,
Vous voudriez ici la retenir encore.
Mais connoissez la loi de ce Dieu que j'adore.
Sur le sort d'un mortel, lorsqu'elle a prononcé,
Quel mortel , pour la suivre, a jamais balancé;
Quel est l'audacieux , quel est le téméraire
Qui peut, aux vœux du ciel, avoir un vœu contraire?
Qu'il paroisse! qu'il vienne ! et l'ange du Seigneur,
Cet ange dont la main porte un glaive vengeur ,
N'éteindra dans son cœur ces vœux illégitimes
Qu'en le précipitant au fond des noirs abimes.

(*à la Baronne.*)

Mon ministère saint m'appelle hors d'ici.
Je sors , et nous prendrons le chemin d'Anneci,
Dans deux heures au plus. Etes-vous résignée?
Et sentez-vous le prix de votre destinée ?

LA BARONNE.

Oui , mon père, je sens qu'il faut vous obéir ,
Et qu'on voudroit en vain ici me retenir.

SCÈNE VII.

L'ÉVÊQUE D'AUTUN, LA BARONNE,
LE JEUNE BARON.

LE JEUNE BARON.

QUE dites-vous, ma mère ? et quelle est votre idée ?
A quitter vos enfans vous seriez décidée ?
Mes sœurs et moi, sans vous, qu'allons-nous devenir ?
Si vous partez, hélas ! il nous faudra mourir.
Aux lieux où vous allez, nous ne pourrons vous suivre ;
Vous-même, loin de nous, comment pourrez-vous vivre?
Vous nous aimez sans doute ?.....

LA BARONNE.

Ah ! comment le cacher ?
Vous êtes, après Dieu, ce que j'ai de plus cher,
Et pour vous mille fois je donnerois ma vie.
Prenez-la, s'il le faut ; qu'elle me soit ravie.
Mais souffrez qu'un moment j'aie au moins le bonheur
De céder à la voix de mon saint directeur !
Qu'il soit sûr, en un mot, de ma reconnoissance,
Et ne m'accuse point de désobéissance.

L'ÉVÊQUE D'AUTUN.

Quoi ! ma sœur, vous craignez de lui désobéir !
Que je plains votre erreur ! avant que de partir,
Voyez, à vos genoux, vos filles, votre père,
Celui de votre époux, votre fils, votre frère,
Ils recevront la mort dans un dernier adieu ;
Et ma sœur, en partant, croit obéir à Dieu !

LE JEUNE BARON. (*Bas à l'évêque d'Autun.*)

Poursuivez, monseigneur ; votre vive éloquence
Peut tenir, quelque tems, ses esprits en balance ;
Et je vais avertir mon grand-père et mes sœurs,
Qui viendront, à l'instant, l'assiéger de leurs pleurs.

SCENE VIII.

L'ÉVÊQUE D'AUTUN, LA BARONNE.

LA BARONNE.

Vous connoissez assez l'évêque de Genève,
Mon frère, et jusqu'au ciel, quand sa vertu m'élève,
Vous voulez qu'ici bas je rampe obscurément !
Vous, prélat comme lui ! vous m'étonnez vraiment !
J'imaginois.....

L'ÉVEQUE D'AUTUN.

      Mon cœur, quand le vôtre s'étonne,
Est sensible, indulgent et ne juge personne,
Je suis prêtre, il est vrai ; mais je suis citoyen.
Le sang m'unit à vous par un étroit lien ;
Et, quand vous pouvez être utile à ma patrie,
Pourrois-je ouvrir l'oreille à la voix qui vous crie
D'éteindre de l'hymen le glorieux flambeau,
Et de vous enfermer dans un pieux tombeau ?
Non, cette voix vous trompe ; elle n'est qu'imposture;
Et le patriotisme, et sur-tout la nature,
Passent avant les loix que dicta l'éternel.
Qu'un autre agisse en Dieu ; moi, je parle en mortel.

SCENE IX.

LE VIEUX BARON, (*soutenu par les deux filles de la Baronne*) L'ÉVEQUE D'AUTUN, LA BARONNE, LE JEUNE BARON.

LE VIEUX BARON.

Est-il bien vrai, ma fille ? Eh quoi ! tu m'abandonnes!
Ah ! prends pitié de moi! Quels chagrins tu me donnes!
Ton époux ne vit plus ; le ciel me l'a ravi.
Si je te perds, hélas ! quel sera mon appui ?
Et n'ayant plus de fils au bout de ma carrière,
Quelle main s'ouvrira pour fermer ma paupière ?

Jusques à ce moment, par tes soins j'ai vécu ;
La bonté, de ton cœur la première vertu
Des plus pressans dangers a sauvé ma vieillesse ;
Que vais-je devenir sans toi, sans ta tendresse ?
Il me faudra mourir ; et tu n'ignores pas
Que, plus il est prochain, plus on craint le trépas.
Ah ! fais-moi vivre encor ! prolonge mes années ;
Elles sont, près de toi, toujours si fortunées !
Que dis-je ? il est un âge où, voilé par le tems,
L'astre de la raison perd ses traits éclatans.
Seize lustres, et plus, ont surchargé ma tête,
Et ma raison, mourante, à me quitter est prête.

(*Lui montrant ses deux petites filles.*)

Vois-tu ces deux enfans ? L'âge a mis de niveau
Leur principe et ma fin, ma tombe et leur berceau.
C'est le même intérêt qui tous trois nous rassemble ;
Et tous les trois ici nous t'implorons ensemble.

LA FILLE AINÉE DE LA BARONNE.

Oui maman, avec toi nous voulons demeurer,
Rien ne pourra jamais de toi nous séparer.

LA CADETTE.

Oui, je pense comme elle et si rien ne t'arrête
A te suivre en tout lieu je sens que je suis prête.

LA BARONNE.

Ah ! mon père, avec eux pourquoi vous liguez-vous ?
Devriez-vous ainsi tomber à mes genoux,
Lorsque, pour vous céder, j'ai tenté l'impossible ?
C'est vouloir m'exposer à paroître insensible.
Avec vous, je brûlois de rester en ces lieux,
Et, pour connoître à fonds la volonté des cieux,
A genoux, cette nuit, le front dans la poussière,
Je commençois à peine une ardente prière,
Un ange m'apparoit. Que fais-tu, m'a-t-il dit,
Et quels doutes sans cesse agistent ton esprit?
L'évêque de Genève a dû tous les détruire.
Suis, en tout, ses conseils et te laisse conduire.
C'est l'être tout-puissant qui l'envoya vers toi ;
Il porte dans ses mains le flambeau de la foi.
Laisse-le, par degrés, dessiller ta paupière ;
Que, seul, il soit ton guide, et marche à sa lumière.

L'ÉVEQUE D'AUTUN.

Il ne faut pas toujours croire à ces visions,
Qui, trop souvent, ma sœur, sont des illusions,
Ou l'effet dangereux d'une tête exaltée,
Par un délire aveugle au plus haut point montée.
C'est la raison sur-tout que l'on doit consulter.

LE VIEUX BARON.

Je suis plus juste; écoute. Avant de me quitter,
Attends du moins la fin de ma triste existence.
Un ange t'a parlé; je le crois, et je pense
Que tu dois obéir à ses moindres discours
Mais il me reste à vivre, hélas! si peu de jours!
Quand je ne serai plus, suis ton penchant céleste,
Et qu'à mon dernier jour ma fille, au moins, me reste!

L'ÉVEQUE D'AUTUN.

De vos filles, ma sœur, tels sont les vœux ardens.
Nous devons, il est vrai, la vie à nos parens.
Mais vos filles, de vous, attendent davantage,
Et l'éducation nécessaire à leur âge,
Cette éducation, le premier des trésors,
Qui la leur donnera, si, malgré nos efforts,
Vous les abandonnez? et, durant votre absence,
Quel guide, à la vertu, formera leur enfance?

LE JEUNE BARON.

Pouvez-vous résister à ce desir touchant?
Vous n'avez point, ma mère, un cœur dur ni méchant.
Non; et mes jeunes sœurs, et mon oncle et mon père,
Qui vous tendent les bras, et moi-même, j'espère,
Nous saurons vous gagner; nous saurons vous fléchir.

LA BARONNE.

Oui vous me fléchirez : à force de sentir
Tout ce que la nature eut jamais de plus tendre,
Mon foible cœur, hélas! finira par se rendre.
Si tu veux, ô mon Dieu, qu'il soit sourd à leur voix,
Prête-moi ton secours : je revère tes loix,
Je fais tous mes efforts pour te rester fidelle;
Mais triompher sans toi n'est pas d'une mortelle.

Fin du second Acte.

ACTE III.

(Il fait nuit vers la fin de la première scène.)

SCENE PREMIERE.

L'ÉVÊQUE DE GENÈVE, LA BARONNE.

L'EVEQUE DE GENÈVE.

Ma fille, qu'ai-je appris ? à mes desseins pieux
Vous renoncez, dit-on, et l'intérêt des cieux,
La gloire du Seigneur n'ont plus rien qui vous touche?
Vainement son oracle a parlé par ma bouche ?

LA BARONNE.

Non, mon père; mon cœur, ferme dans son projet,
D'un Dieu toujours épris, n'a point changé d'objet.
Il est toujours soumis à sa volonté sainte.
Je suis prête, avec vous, à quitter cette enceinte.
Mais vous n'avez pas vu sur l'heure, à mes genoux,
Ce vieillard malheureux, père de mon époux,
Qui, poussant des sanglots et m'appellant sa fille,
S'il me perd, a-t-il dit, perd toute sa famille.
Ai-je pu résister à ses cris, à ses pleurs ?
Mes filles partageoient ses profondes douleurs.
Mon fils, non moins touché, ne verse plus de larmes;
C'est dans son désespoir qu'il veut chercher des armes;
Et vous voulez encor que je quitte ces lieux !
Et vous m'osez parler de l'intérêt des cieux
Quand celui de mon sang veut qu'ici je demeure !
Ah! cessez, ou plutôt, ordonnez que je meure.
Le ciel ne peut vouloir que nous soyons cruels.
Que dis-je ? il nous prescrit d'aimer tous les mortels;
D'être mère, sur-tout, d'être fille sensible;
Et faut-il, en son nom, commander l'impossible ?

L' É V E Q U E D E G E N E V E.

Je connois vos devoirs. Mais vous n'ignorez pas
Qu'on peut, sans les enfreindre, accompagner mes pas.
Dans le cloître, où mes soins prétendent vous conduire,
Vous aurez, chaque jour, la liberté d'écrire.
J'écoute la nature, ainsi que la raison,
Et je ne ferai point une étroite prison
D'un séjour où je veux que, loin des yeux du monde,
Vos jours coulent sereins dans une paix profonde.

L A B A R O N N E.

Ils le seront par-tout où je pourrai vous voir ;
Les passer près de vous est mon plus doux espoir.
Mais, mon père, mon fils et mes filles en larmes,
Mais ma famille en proie aux plus vives alarmes,
Je ne la verrai plus, et des lettres, hélas !
Pour un cœur bien épris, ont de foibles appas,
Quand il est éloigné de l'objet qu'il adore.
Mes filles, chaque jour, au lever de l'aurore,
Me viennent embrasser. Mon père, chaque jour,
Me voit, à son réveil, l'embrasser à son tour.
Ces innocens plaisirs sont les besoins de l'ame ;
Et s'il faut, que bientôt j'y renonce.....

L' É V E Q U E D E G E N E V E.

Ah ! madame,
Est-ce-vous qui parlez ? Des foiblesses du sang
Vous dépendez encore, et votre cœur ressent
De ces affections terrestres et grossières
Dont j'ai cru vous guérir par mes saintes prières.
Eh bien, de nos projets je ne vous parle plus ;
Suivez du monde encor les sentiers corrompus ;
Restez en ce séjour, et plein du même zèle,
Seul, je retourne aux lieux où la grace m'appelle.

L A B A R O N N E.

Ah ! mon père, arrêtez ! Puis-je vivre sans vous ?
Sans vous, puis-je m'unir à mon céleste époux ?
C'est vous seul, je le sens, qui devez m'y conduire.

L' É V E Q U E D E G E N E V E.

Ne vous laissez donc plus enchanter ni séduire
Par ces transports des sens et ces honteux retours,
Vers des biens qu'il est temps d'abjurer pour toujours,
Et préférez enfin la grace à la nature.

C

Mes soins vous ont ouvert la route la plus sûre
Qui vous puisse conduire à la perfection.
Que m'obéir en tout soit votre ambition :
N'en ayez jamais d'autre, et vous romprez le piége
Que vous tend l'ennemi qui toujours vous assiége.

(*à demi-voix.*)

Et puis, vous le savez, au fond de votre cœur
Brûle peut-être encor cette secrète ardeur
Que souvent m'avoua votre bouche ingénue.

LA BARONNE.

Hélas !

L'EVEQUE DE GENEVE.

Vous soupirez. Votre ame toute nûe,
Aux yeux de l'Eternel ne sauroit se cacher.
Du mortel qui vous plût, le souvenir trop cher ,
N'y domine que trop ; ce soupir me l'annonce.
Entre Selmour et Dieu, que ma fille prononce !

LA BARONNE.

Moi, je prononcero s entre Selmour et Dieu !
Lorsque je dis au monde un éternel adieu,
N'est-ce pas à vos yeux me montrer toute entière ?
C'est Dieu seul qui me plaît ; j'en suis heureuse et fière.
Oui, Dieu seul.

L'EVEQUE DE GENEVE.

Cependant vous l'avez offensé ,
Et d'un profane amour ce grand Etre est blessé. (mes ,
Songez-donc, s'il est vrai qu'il ait pour vous des char—
Combien, pour l'appaiser, il faut verser de larmes,
Combien vous repentir et vous mortifier ;
Quelle faute, en un mot, il vous faut expier !

LA BARONNE.

Vous me parlez, mon père, en véritable apôtre.
Ma raison, c'en est fait, se soumet à la vôtre.
Mon cœur, du droit chemin un moment écarté ,
Ne suivra plus de loi que votre volonté ;
Je reconnois enfin la grace qui l'éclaire.

L'ÉVEQUE DE GENEVE.

Vos filles, votre fils, ainsi que votre père ,
Pourroient, durant le jour, mettre obstacle à vos pas,
Ils pleureroient ensemble, et ne souffriroient pas ,

Qu'ensemble nous fuyons de ce profane asile.
La nuit, sur nos desseins, répand une ombre utile,
Profitons-en ; sur-tout, en frivoles adieux,
N'allez point consumer des momens précieux.
Il faut partir sans voir ce que votre cœur aime.
Le ciel vous saura gré de cet effort suprême ,
Et j'aperçois déjà le prix qui vous attend.

LA BARONNE.   (taut...

Eh quoi ! sans voir mon père ! Ah ! souffrez qu'un ins-

L'ÉVEQUE DE GENEVE.

(Avec une colère apostolique, mais sans dureté.)

Fille indigne de moi, si vous m'étiez moins chère !...
Et quoi ! ne suis-je pas moi-même votre père ?
J'ordonne , obéissez. Dans le saint tribunal
J'ai prévenu Claudine. Ayez un zèle égal
Au zèle aveugle et pur de cette sainte fille.
Sacrifiez à Dieu toute votre famille ,
Et n'oubliez jamais qu'il a sur vous les yeux.
Partons, je vous attends ; je vais, près de ces lieux
Achever de donner les ordres nécessaires.

LA BARONNE.

Mes vœux ne seront point à vos desirs contraires ;
J'en ai fait le serment au ciel ainsi qu'à vous ,
Je le tiendrai.

SCENE II.

LA BARONNE *(seule.)*

Mon Dieu, je tombe à vos genoux.
Eclairez ma foiblesse , et faites-moi connoître.....
Mais j'entends quelque bruit..... C'est Claudine peut-

(être.

SCENE III.

LA BARONNE, CLAUDINE.

CLAUDINE.

Tout dort dans la maison, ou du moins je le crois ;
Vos filles , votre père.

C 2

LA BARONNE.

Et mon fils ?

CLAUDINE.

Par deux fois,
Aux portes de sa chambre appliquant mon oreille,
Je n'ai rien entendu.

LA BARONNE.

Je tremble qu'il ne veille.
Tantôt, plus que jamais, il étoit agité.
Je crains qu'il ne se porte à quelqu'extrémité,
Qu'il ne suive un peu trop son bouillant caractère.
Il faudra lui céder ; je sens que je suis mère.

CLAUDINE.

Que dites-vous, madame, et qu'est-ce que j'entends ?
Monseigneur de Genève a reçu vos sermens.
N'avez-vous pas promis.....

LA BARONNE.

J'ai tout promis sans doute ;
Mais, pour quitter ces lieux, tu vois ce qu'il m'en coûte.
Un père, des enfans.... Sans répandre des pleurs,
Puis-je briser les nœuds qui m'attachoient leurs cœurs ?

CLAUDINE.

Non, je pleure moi-même en quittant la famille
Où vous portez les noms et de mère et de fille,
Où, comme fille et mère, on vous rendoit des soins,
Où chacun à l'envi prévenoit vos besoins,
Et trouvoit son plaisir à remplir votre attente.
Je n'y fus jamais rien que simple gouvernante,
Et vous savez pourtant avec quelle bonté
On m'a toujours traitée. Ai-je rien souhaité
Qu'on ne m'a t à l'instant fait obtenir. Claudine,
M'a souvent dit monsieur, aisément je devine (temps.
Qu'aujourd'hui tu voudrois prendre un peu de bon
Eh bien ! suis à ton gré tes honnêtes penchans ;
Je te donne congé pour toute la journée.
Je naquis orpheline et n'ai point de lignée,
Point de père, d'enfans, point de mari sur-tout,
Et je sens que, pour Dieu, mon cœur laisseroit tout,
Depuis que j'ai connu monseigneur de Genève,
Ce saint homme a daigné me prendre pour élève ;

Et vous devez penser , madame , ainsi que moi.
De notre directeur suivez donc mieux la loi.
Fermez, fermez votre ame à l'humaine foiblesse ,
Et fuyons avec lui sans délai; le temps presse.
J'ai présidé moi-même aux apprêts du départ ,
Et je crains que demain nous ne fuyions trop tard.
Que dis-je ? je crains tout, votre fils et vous-même.
            (*On frappe à la porte.*).
Mais qui heurte si tard ?

> ### LA BARONNE.
>
> Ma surprise est extrême !
Va voir , Claudine. (*Elle va voir.*)
            Hélas ! cette fille a raison.
Je ne suis pas encore hors de cette maison ,
Et peut-être..... Eh bien ?

> ### CLAUDINE.
>
> C'est un pieux solitaire
Qui vient pour vous parler. Il porte un caractère
Tout-à-fait rassurant. C'est un hermite enfin.

> ### LA BARONNE.
Mais à l'heure qu'il est.....

> ### CLAUDINE.
>
> J'ignore son dessein.
Mais il vient, m'a-t-il dit, de la part du saint homme
Qui s'est chargé du soin de notre ame.

> ### LA BARONNE.
>
> Il se nomme ?...

> ### CLAUDINE.
Je l'ignore. De nous qu'il soit ou non connu ,
Peut-il , de cette part, n'être pas bien venu ?

SCENE IV.

SELMOUR, *en habit d'hermite*, LA BARONNE,
CLAUDINE.

SELMOUR.

Me pardonnerez-vous, madame, un stratagême
Qui peut incessamment tourner contre moi-même ;
Ce n'est point de la part de votre directeur
Que je viens en ces lieux, et cet avis menteur

Excite en vous peut-être une juste colère :
Mais mon intention n'est pas de vous déplaire
Ni de vous offenser, et le ciel est témoin.....

LA BARONNE.

D'indulgence en effet vous avez grand besoin,
Et si je n'écoutois qu'un courroux légitime,
Je.... Mais peut-on jamais vouloir commettre un crime
Lorsque d'un tel habit on marche revêtu ?
Non, non, il fut toujours celui de la vertu.
La décence pourtant veut que Claudine reste.
Expliquez-vous, parlez.

SELMOUR.

En ce moment funeste,
Si je pouvois vous dire à vous seule.....

LA BARONNE.

Arrêtez.
C'est pousser un peu loin tant de témérités !
Je ne crains que Dieu seul ; mais cependant mon ame,
Aux regards des mortels veut éviter le blâme ;
Et, pour y parvenir, jusqu'à mes derniers jours,
Comme s'ils me voyoient je me conduis toujours.
Vous frémissez ! vos yeux se couvrent d'un nuage,
Et la mort, la mort presque est sur votre visage !

(*Avec beaucoup de douceur*)

Rassurez-vous, mon frère, et calmant cet effroi,
Expliquez-vous enfin. Qu'attendez-vous de moi ?
Quel service important pourrois-je ici vous rendre ?
Quel secours vous prêter ? Je brûle de l'apprendre.

SELMOUR,

Ah ! que je crains, madame, en ce fatal moment,
D'exciter de nouveau votre ressentiment !

(*Tirant un portrait de son sein et l'offrant à la
Baronne d'une main tremblante.*)

Ce portrait vous dira le sujet qui m'attire,
Et mieux que moi de tout il pourra vous instruire.

LA BARONNE.

La mère du Sauveur, son enfant dans ses bras !
Ah ! qu'un pareil tableau pour mon cœur a d'appas.
Quelle main vous donna cette image sacrée,
De qui la tenez-vous ?

SELMOUR.

D'une femme adorée.

J'eus l'audace autrefois de lui peindre mes feux.
Sensible, mais au Ciel consacrant tous ses vœux,
Elle daigna me plaindre ; à mon amour extrême,
Par un amour égal, elle répondit de même.
Certain jour cependant, ô jour de mon malheur !
Le respect du Très-haut l'emportant dans son cœur,
Elle me congédie. Et voilà, me dit-elle,
En m'offrant ce portrait, au lieu d'une mortelle,
Voilà le seul objet qu'il soit permis d'aimer,
Le seul dont les attraits doivent vous enflammer.
Adorez, en tout temps, cette divine image,
Et qu'elle soit par-tout l'objet de votre hommage.

LA BARONNE (à part.)

Chaque mot qu'il me dit augmente mon soupçon.

(Haut et avec plus de trouble.)

A l'esprit toutefois de la religion ,
L'hymen n'est pas toujours absolument contraire.
Elle auroit pu, sensible à votre amour sincère,
Sans offenser le Ciel, contracter avec vous
Un mariage saint, et du nœud le plus doux...

SELMOUR.

Je suivois de Calvin le dogme condamnable,
Et ce fut mon seul tort.

LA BARONNE.

Qu'entends-je ? Est-il croyable !
Ah ! je la reconnois cette image qu'un jour
Accepta de ma main l'infortuné Selmour.
Est-ce lui dont les traits.....

SELMOUR, (tombant à ses genoux.)

Reconnoissez de même
L'infortuné mortel de qui l'amour extrême.....

LA BARONNE.

C'est lui-même en effet; c'est Selmour.....O mon Dieu !
Une heure ou deux plutôt que n'ai-je fui ce lieu !

(Claudine s'approche, rode autour d'eux, témoigne
à son tour beaucoup d'étonnement.)

(La Baronne continuant, et lui rendant le portrait.)

Ah ! puisqu'elle est à vous, reprenez cette image
Et partez.

C 4

SELMOUR.

Mais partir ! Un si précieux gage
N'a donc plus de pouvoir ?

LA BARONNE.

Non, je dois l'oublier.
Par des sermens plus saints je viens de me lier.
Partez ; plus que la mort je crains votre présence.

SELMOUR.

Et pourquoi renoncer à la douce espérance
De nous unir ? J'apprends, non loin de ce séjour,
Que votre époux enfin vient de perdre le jour ;
Je sors de la retraite inconnue et sauvage
Où seul à l'éternel j'adressois mon hommage.
Vous êtes libre, jeune, et vous m'avez aimé ;
Mon cœur, de vos appas, est toujours plus charmé,
Et, si je vous suis cher, pourquoi, pourquoi, madame,
Hésitez-vous encore à couronner ma flamme,
Et d'un second hymen rejetez-vous les nœuds ?
A la clôture encor d'indissolubles vœux
Ne vous ont point liée ; et je suis catholique,
Et la grace m'a fait briser l'obstacle unique
Qui s'opposa long-temps à ma félicité.
Je n'ai point fait de vœux moi-même. En liberté,
Je puis vous épouser sans craindre qu'on me blâme.
Dites un mot, parlez, soudain je vous réclame
Comme un bien qui m'est dû. Je quitte cet habit,
Et le plus doux lien pour jamais nous unit.

LA BARONNE, (à part.)

Tu l'emportois, mon Dieu ! ta victoire étoit sûre,
Et ces mots tout-à-coup ont r'ouvert ma blessure.
Pour triompher encor prête-moi ton appui.

SELMOUR.

Vous ne répondez pas !

LA BARONNE.

Je parlois à celui (dre.
Qui peut, au moindre signe, aujourd'hui vous confon-
Vous-même interrogez-le, et, prompt à vous répon-
C'est à moi, dira-t-il, qu'elle a donné son cœur ; (dre,
Et lorsque j'en étois le paisible vainqueur,
Ton audace croiroit m'enlever sa conquête !

Fuis à l'instant, perfide, ou ma vengeance est prête,
Ou la foudre sur toi va tomber en éclats.
Je crois l'entendre ainsi vous menacer..... Hélas !
Fuyez, mon cher Selmour, évitez sa colère,
Et, plaisant à mon Dieu, soyez sûr de me plaire.

SELMOUR.

Non, vous expliquez mal sa sainte volonté ;
Je connois mieux que vous sa suprême bonté.
Non, le Ciel ne veut point qu'en cette conjoncture,
Nous étouffions tous deux le cri de la nature.
Que dis-je ?..... votre cœur ne sent plus rien pour moi ;
De l'amour, de l'honneur il méconnoît la loi,
Et vous oubliez tout, nos feux et vos promesses.

LA BARONNE.

Insensé ! que dis-tu ?..... de nos pures tendresses,
Aurois-je pu jamais perdre le souvenir ?
Dans un cloître aujourd'hui prête à m'ensevelir,
Si j'évite le monde et cherche la retraite,
C'est pour m'y repentir d'une flamme secrète,
Pour expier ma faute, et mériter qu'un jour
L'Eternel me pardonne un criminel amour.
Par ton image ici, nuit et jour poursuivie,
Aux lieux où saintement je vais couler ma vie,
Peut-être que la paix renaitra dans mon cœur ;
C'est pour en triompher que je fuis mon vainqueur.
Je le voyois absent, juge de la puissance
Qu'ici lui donneroit sa trop chère présence.

SELMOUR.

Qu'entends-je ? Par mes vœux dussé-je vous lasser,
Je ne vous quitte plus ; je ne puis renoncer.....

LA BARONNE.

Ecoutez-moi, Selmour, toujours je me rappelle,
Avec un doux plaisir, votre amour pur, fidèle,
Et, malgré le serment qui m'enchaine à mon Dieu,
Mon cœur vous aime encore et vous en fait l'aveu.
Ce serment n'exclut point le nœud du mariage ;
Mais j'ai, vous le savez, un père bon et sage,
Et mon avis toujours se régla sur le sien.

Allez le consulter, s'il veut qu'un doux lien
A la vôtre bientôt joigne ma destinée ;
Peut-être nous pourrons, par un doux hyménée.....

SELMOUR.

Qu'ai-je entendu ? J'y vole, et reviens de ce pas.
Votre père, à coup sûr, ne s'opposera pas
A mes vœux empressés.

SCENE V.

CLAUDINE, LA BARONNE.

CLAUDINE.

Qu'ai-je entendu moi-même ?
Et comment expliquer votre imprudence extrême ?
Quoi, madame ! aujourd'hui, pour vous donner à Dieu,
Avec un saint prélat vous partez de ce lieu,
Et c'est le même jour que votre cœur s'engage
A former les liens d'un prochain mariage !

SCENE VI.

LA BARONNE, CLAUDINE, LE JEUNE BARON.

LE JEUNE BARON.

(*Une épée nue dans une main, et un flambeau dans l'autre.*)

J'ai su tous les projets de votre ravisseur,
Mon œil en a percé la ténébreuse horreur.
Je sais qu'il n'est pas loin, et que, vers cette porte,
Il vous attend, suivi d'une nombreuse escorte.
Mais, à mes sœurs, à moi, croit-il vous arracher ?
Et croit-il m'enlever ce que j'ai de plus cher,
Sans que mon bras armé n'arrête son audace ?
Qu'il vienne ! sans bouger, je reste à cette place.

Je le dois, je le veux, et c'est moi contre lui,
Moi seul qui, dans ce jour, vous servirai d'appui.

LA BARONNE.

Que dites-vous, mon fils ? Et pourquoi cette épée
Dont ma tremblante vue est tout-à-coup frappée ?

LE JEUNE BARON.

Vous me le demandez! Ah! madame, est-ce à vous
D'ignorer le sujet de mon juste courroux ?
L'évêque de Genève en ce lieu doit se rendre
Pour me ravir ma mère, et je viens la défendre.

LA BARONNE.

Et quoi! vous oseriez attenter à des jours
Dont le ciel, tant de fois, a respecté le cours,
Et porter sur un prêtre une main sacrilége !

LE JEUNE BARON.

Eh! pourquoi non ? Un prêtre a-t-il le privilége
D'arracher une mère à son malheureux fils,
De la rendre insensible à ses pleurs, à ses cris ?
Et sous le joug sacré qu'à loisir il apprête,
Dès qu'un prêtre a parlé faut-il courber sa tête ?
Qu'il ose ici rentrer, votre saint directeur,
Et que, toujours guidé par sa pieuse erreur,
Sur vous il ose mettre une main téméraire,
Et c'en est fait de lui.

LA BARONNE.

    Votre bras sanguinaire
Oseroit se plonger dans le sein révéré
D'un mortel généreux qui doit m'être sacré !

LE JEUNE BARON.

S'il se montre, il est mort.

LA BARONNE.

    Ah ! qu'entends-je, barbare !
Voilà comme, pour moi, votre cœur se déclare !
Vous méditez un meurtre, un homicide affreux,
Et vous croyez ainsi faire changer mes vœux !
Indécise tantôt, et manquant de courage,
A Selmour je cédois ; mais cet excès de rage

Me rend toute ma force, et vers le saint des saints
Je me sens attirer par mes premiers desseins,
Et je m'élève à lui sur des ailes de flamme.
Un jour plus radieux vient d'éclairer mon ame.
Adieu, mon fils, adieu. N'arrêtez point mes pas.

LE JEUNE BARON.

Non, ma mère, d'ici vous ne sortirez pas.

LA BARONNE.

Je ne sortirai pas ! quel étrange délire !

(*Lui présentant son sein.*)

Et bien ! frappe ! à tes coups je devrai le martyre.

LE JEUNE BARON.

(*Jettant son épée, et tombant à ses genoux.*)

Moi, vous frapper, ô ciel ! moi, qui vous dois le jour,
Et qui mourrois pour vous ! Ah ! que mon pur amour !
S'il ne peut l'empêcher, suspende votre fuite,
Ou, pour jamais, ma vie au désespoir réduite....

(*Ici Claudine ramasse l'épée et la jette dans la coulisse.*)

LA BARONNE.

Levez-vous, mon cher fils, et lisez dans mes yeux
Ce qu'il doit m'en coûter pour conquérir les cieux.
Plus que jamais, hélas ! je sens que je vous aime,
Je vous quitte en pleurant, en mourant à moi-même.
C'est le ciel qui l'ordonne, il lui faut obéir :
Mais, pour vous faire vivre, il est doux de mourir :
Et par moi, vous vivrez ; oui, mon fils, votre mère
Va tant prier pour vous....

LE JEUNE BARON.

Illusion ! chimère !

LA BARONNE. (*Bas à Claudine.*)

Le combat peut durer ; j'ai besoin de secours :
Il faudroit avertir.....

CLAUDINE.

Je vous entends, j'y cours.

SCENE VII.

LA BARONNE, LE JEUNE BARON.

LE JEUNE BARON.

Eh ! que m'importe à moi cette vie éternelle,
Qu'un directeur promet à tout chrétien fidèle ?

Quand de vous ici bas il m'aura séparé,
Mon cœur sera-t-il moins de chagrin dévoré ?
Il me faut une mère, et non la récompense
Que l'éternel là-haut aux bienheureux dispense.
Vous entendre, vous voir, voilà le paradis
Que souhaite mon cœur, et dont il est épris.
L'avenir est trop loin pour me flatter d'y vivre.

LA BARONNE.

L'avenir nourrit seul l'espoir dont je m'enivre,
Et je ne meurs au monde, à sa félicité,
Que pour mieux m'élever à l'immortalité.

LE JEUNE BARON.

Eh bien ! pour en jouir, de cette vie heureuse,
Dont l'espoir, envers moi, vous rend si rigoureuse ;
Si vous m'abandonnez, je me perce le sein
Avec ce fer sur l'heure échappé de ma main ;
Et c'est vous, de ma mort, vous qui serez la cause.
Frémissez !

LA BARONNE. (*A demi-voix.*)
                Quel projet le cruel se propose !
O mon Dieu ! de mon fils détournez ce malheur,
Ou je reste en ces lieux pour calmer sa fureur.

SCENE VIII.

L'ÉVEQUE DE GENEVE, LA BARONNE,
LE JEUNE BARON, CLAUDINE.

L'ÉVEQUE DE GENEVE.

Vous parlez de rester ! Qu'ai-je entendu, ma fille ?
Faut-il combattre encor toute votre famille ?
Et ne voyez-vous pas que c'est le tentateur
Qui l'envoie à vos pieds pour changer votre cœur,
Et pour détruire en vous l'ouvrage de la grace ?
De Luther, de Calvin j'ai converti la race,
Et de vous aujourd'hui je ne puis triompher !
Et bien ! suivez, comme eux, la route de l'enfer.
Il s'ouvre sous vos pas, si toujours indécise,
Vous ne consommez point notre sainte entreprise.
De l'achever tantôt vous avez fait serment.
Vous l'oubliez ; craignez le juste châtiment
Qu'aux parjures le ciel réserve en sa vengeance,

Et n'espérez plus rien de sa longue indulgence.
Oui, c'en est fait de vous ; oui, je vois sous vos pas
S'ouvrir l'affreux abîme où tombent les ingrats,
Et ma fille, engloutie au noir séjour des crimes,
Subit des réprouvés les tourmens légitimes.

LA BARONNE.

(*Avec effroi et la plus grande émotion.*)
Moi, qui devois monter au séjour des élus,
Je subirois, ô ciel !.... je ne résiste plus.
C'est en Dieu désormais et pour Dieu qu'il faut vivre ;
Je le sens, je le vois, et suis prête à vous suivre.
Marchons.

LE JEUNE BARON.

Arrêtez !.... Quoi ! pour retenir vos pas,
Je fais de vains efforts ! Vous ne m'écoutez pas !
(*à l'évêque de Genève.*)
Et toi, tyran sacré, qu'à bon droit je déteste !
Tremble, et crains, à ton tour, la colère céleste.
Tu m'enlèves ma mère et crois impunément....

L'ÉVEQUE DE GENEVE.

Vous l'entendez, ma fille, et voyez clairement
Que l'ennemi de Dieu contre vous le transporte,
Et que le démon seul peut parler de la sorte.
(*Il se met hors de la porte et lui tend les bras*)
Jetez-vous dans mon sein, et méprisant ses cris.....

LE JEUNE BARON,

(*se jettant par terre entre l'évêque de Genève et sa mère.*)
Eh bien ! foulez aux pieds le corps de votre fils ;
Ecrasez-le, madame, ou rendez-lui sa mère.

SCENE IX ET DERNIÈRE.

LES PRÉCÉDENS, SELMOUR, *accourant avec pré-*
cipitation, retenant la Baronne par le bras, et l'em-
pêchant de passer sur le corps de son fils; LE
PRÉSIDENT, LE VIEUX BARON, L'ÉVEQUE
D'AUTUN, LES DEUX PETITES FILLES.

SELMOUR.

Arrêtez, et voyez votre fils, votre père,
Votre frère, un vieillard, qui tous à vos genoux
Tombent en ce moment, ainsi que votre époux.
Madame, je le suis : vous me l'avez promise
Cette main que je presse ; eh bien ! je l'ai conquise,

Un père me la donne, et lui-même en ce lieu.....

LA BARONNE, *voulant sortir.*

Qui peut me retenir quand le ciel parle ? Adieu.

SELMOUR.

Je ne puis recevoir cet adieu qui me tue,
Madame, je mourrai, si loin de votre vue....

LA BARONNE.

Dieu l'ordonne.

LE PRÉSIDENT.

Ah ! ma fille, en cet instant Selmour
M'a rappelé l'objet de son premier amour.
Oubliant Salvigni, dont j'approuvai la flamme,
Aimez-la sans réserve et prenez-la pour femme,
Ai-je dit à Selmour, vous remplirez mes vœux,
Qu'elle reste sur-tout, nous serons tous heureux.

LA BARONNE.

Vous me donnez Selmour, je resterois, mon père,
Si je ne craignois point qu'aux vœux du ciel contraire
Mon séjour en ces lieux n'excitât son courroux.

L'ÉVEQUE D'AUTUN.

Pourquoi toujours le ciel entre ma sœur et nous ?
Vois ton fils à tes pieds qui meurt de ton absence ;
Vois s'unir contre toi la vieillesse et l'enfance ;
Tes filles à l'envi pour enchaîner tes pas,
Vers le ciel et vers toi levant leurs foibles bras....

LE PRÉSIDENT.

Vois ta famille en pleurs et moi dans les alarmes,
Dont les yeux desséchés ne trouvent plus de larmes,
Qui veut te voir heureuse avant que de mourir.

LA BARONNE.

Que mon cœur est ému !

L'ÉVEQUE D'AUTUN.

Peux-tu les voir souffrir
Sans éprouver toi-même une douleur mortelle ?
Tu n'as donc plus, ma sœur, une ame maternelle,
Tu crois en t'arrachant de leurs bras enfantins
Ne laisser en ces lieux que ces trois orphelins,
Nous le serons tous.

TOUS LES ACTEURS.

Tous.

L'ÉVEQUE D'AUTUN.

Oui, tous, je te l'assure.

LA BARONNE.

C'est l'amitié, l'hymen, l'amour et la nature,
Qui parlent par leur voix, je n'y résiste plus.
A quoi me serviroient des efforts superflus ?
Levez-vous, mes enfans, embrassez-moi, mon père.

LE JEUNE BARON.

Que je suis fortuné! j'ai retrouvé ma mère.

LA BARONNE, *à Selmour.*

Je cède à vos vertus. pouvois-je plus long-tems,
Ne pas recompenser d'aussi purs sentimens ?

SELMOUR.

Une seconde fois permettez-vous, madame,
Que je tombe à vos pieds? j'ai donc touché votre ame,
Je rends graces au ciel.

LE PRÉSIDENT, *les unissant.*

Et moi, je vous unis,
Que par votre bonheur les méchans soient punis!
Leur faux zèle en ce jour nous coûte assez de larmes.

LE VIEUX BARON.

Tu nous restes, ma fille, ô moment plein de charmes !
Reçois, ma chère enfant, ma bénédiction,
C'est de la part d'un père un si précieux don !

LA BARONNE.

Je la reçois : rendue à toute ma famille,
Je vois dans tous les yeux l'espérance qui brille,
Un tableau si touchant doit plaire à l'éternel ?
Quand il fait des heureux quel cœur est criminel.

L'ÉVEQUE D'AUTUN.

Celui qui de sentir, d'aimer est incapable,
Aux yeux de l'éternel voilà le vrai coupable.
Des superstitions, ma sœur a triomphé,
Et le démon du cloître est par elle étouffé ;
Livrons-nous au repos qui naît de son courage,
Le repos est si doux après un long orage.

FIN.

www.ingramcontent.com/pod-product-compliance
Lightning Source LLC
LaVergne TN
LVHW022212080426
835511LV00008B/1722